BOEKANALYSE

De minnaar

MARGUERITE DURAS

BOEKANALYSE

Geschreven door Isabelle Defossa
Vertaald door Nikki Claes

De minnaar

MARGUERITE DURAS

Kennis binnen handbereik!

MUST READ

BOEKANALYSE

MUST READ

De Vreemdeling

ALBERT CAMUS

...MINUTES.com

Knowledge at your fingertips

Popular titles

KARL MARX

THE SWOT ANALYSIS

MUST READ

BOEKANALYSE

The Giver

Lois Lowry

MUST READ

BOEKANALYSE

De waarheid over de zaak Harry Quebert

www.50minutes.com

Fris uw favoriete onderwerpen op met onze praktische titels

MARGUERITE DURAS   **5**

Franse schrijver, toneelschrijver en filmmaker   5

DE MINNAAR   **6**

Een inleiding tot de liefde   6

SAMENVATTING   **7**

De vergadering   7
De relatie   8
Het vertrek naar Frankrijk   9

KARAKTERSTUDIE   **11**

De verteller   11
De Chinese man   12
De moeder   12
De oudere broer   13
De jongere broer, Paulo   14
Hélène Lagonelle   14

ANALYSE   **15**

In stijl dicht bij de nieuwe roman   15
Een schrijven van het zelf   17
Een coming-of-age roman   19

VERDERE REFLECTIE   **20**

Enkele vragen om over na te denken...   20

VERDER LEZEN   **22**

Referentie-uitgave   22
Aanpassingen   22
Herschrijven van de tekst   22

MARGUERITE DURAS

FRANSE SCHRIJVER, TONEELSCHRIJVER EN FILMMAKER

- **Geboren in Gia Dinh (Indonesië) in 1914**
- **Overleden in Parijs in 1996**
- **Opmerkelijke werken:**
    - *The Sea Wall* (1950), roman
    - *The Ravishing of Lol Stein* (1964), roman
    - *De minnaar* (1984), autobiografische roman

Marguerite Duras (1914-1996), née Marguerite Donnadieu, geboren in Cochinchina (een voormalige regio van Frans Indochina), was een van de origineelste en invloedrijkste romanschrijfsters van de 20th eeuw. Zij pleitte voor een sobere schrijfstijl, gebruikte steeds terugkerende personages en bouwde het corpus van haar werken op rond de fundamentele thema's geheugen en vergeten, alsook herschrijven en vernietigen. Haar bekendste en meest bestudeerde romans zijn *De zeemuur* (1950), *Moderato Cantabile* (1958) en *De minnaar* (winnaar van de prestigieuze *Prix Goncourt* in Frankrijk in 1984). Ze werkte ook mee aan het theater (*La Musica*, *Eden Cinema*) en de film, waar ze een radicale en zeer persoonlijke stijl hanteerde (*India Song*; *Destroy, She Said*; *The Lorry*).

DE MINNAAR

EEN INLEIDING TOT DE LIEFDE

- **Genre:** roman
- **Referentie uitgave:** Duras, M. (1985) *De minnaar*. Trans. Bray, B. New York: Random House.
- **Eerste uitgave:** 1984
- **Thema's:** liefde, volwassenwording, Indochina, koloniale samenleving

Gepubliceerd in 1984, won *De minnaar* dat jaar de *Prix Goncourt*. Deze autobiografische roman vertelt het verhaal van een Frans tienermeisje dat in Indochina woont en haar ontmoeting met een jonge Chinese erfgenaam, die de rest van haar leven zal beïnvloeden. Hij laat haar kennismaken met de geneugten van de liefde. Hun relatie, die verboden wordt door de familie van het meisje, de vader van de man en de koloniale maatschappij, eindigt wanneer zij moet terugkeren naar Frankrijk, terwijl hij nog steeds verliefd op haar is.

Deze roman kende een duizelingwekkend succes: er zijn bijna drie miljoen exemplaren van verkocht en hij is in meer dan 40 talen vertaald.

SAMENVATTING

In de herfst van haar leven kijkt een vrouw terug op haar anderhalf jaar durende relatie met haar eerste minnaar.

DE VERGADERING

In de jaren dertig woont een 15-en-een-half-jarig meisje in Frans Indochina met haar moeder en twee broers. Haar vader is overleden toen ze jonger was. Ze is ingeschreven op de Franse school, en zit in internaat in de staat Saigon, waar een aantal meisjes van gemengd ras wonen. Een van de andere meisjes in het internaat is Hélène Lagonelle, twee jaar ouder dan de vertelster en een bron van fysieke aantrekkingskracht voor haar.

Aan het eind van de schoolvakantie, wanneer zij met de veerboot over de Mekong Delta reist om van Sadec terug te keren naar het internaat in Saigon, merkt zij een zeer stijlvolle jongeman op die haar vanuit een zwarte limousine gadeslaat. Hoewel hij gekleed is als een Europeaan, is hij niet blank: hij is Chinees en zal haar eerste minnaar worden. Hij benadert haar snel en als ze zich hebben voorgesteld, biedt hij aan haar in zijn limousine terug te brengen naar Saigon. Vanaf dat moment zal het tienermeisje echter altijd in deze auto met chauffeur naar haar kostschool worden gereden en met de Chinees op de meest stijlvolle plekken in de stad dineren.

DE RELATIE

Op een dag neemt de jongeman haar mee naar zijn atelier-woning in Cholen, de Chinese hoofdstad van Frans Indochina. Vanaf dat moment ontmoeten ze elkaar daar om in het geheim de liefde te bedrijven. Het jonge meisje voelt dat ze door deze daad een diepere kennis van God krijgt. Hij is smoorverliefd op haar, terwijl zij hem begeert, deels voor zijn geld. Maar ze praten nooit over wat ze doen, in het besef dat hun relatie geen toekomst heeft: ze zijn niet van hetzelfde ras en het jonge meisje is 12 jaar jonger dan haar minnaar, zelfs zonder rekening te houden met het feit dat de vader van de man formeel tegen hun verbintenis is. Nadat hij van plan was zijn zoon uit te huwelijken aan een rijke Chinese erfgename, wil hij het meisje terugsturen naar Frankrijk: zij protesteert niet, en hij krijgt uiteindelijk zijn zin.

Ondertussen is de houding van de moeder van het meisje dubbelzinnig: wanneer ze ontdekt dat haar dochter met een rijke jonge Chinese man, vermoedt ze dat ze met elkaar naar bed gaan en slaat ze, aangemoedigd door haar oudste zoon, het kind dat onteert. Haar aantrekking tot geld weegt echter zwaarder door dan haar argwaan en, na te zijn gewaarschuwd voor de frequente afwezigheid van haar dochter, vraagt zij de directrice van het internaat haar te laten komen en wanneer zij wil. Wanneer de Chinese man echter de familie van het meisje ontmoet, spreekt geen van hen met hem, hoewel ze niet hebben geaarzeld om van zijn geld te profiteren. Al snel biedt Chinees het meisje, waar hij hopeloos verliefd op is, een ring aan met een zeer waardevolle diamant. Dit maakt een einde aan het commentaar van de begeleiders van het internaat, niet omdat het jonge meisje hem draagt aan de ringvinger van haar linkerhand, waar verlovingsringen worden gedragen, maar vanwege de waarde van het juweel.

HET VERTREK NAAR FRANKRIJK

In 1931, na het afleggen van haar examens, verlaat het jonge meisje, dat inmiddels 18 is, Saigon en vertrekt per boot terug naar Frankrijk. Vanaf het moment dat haar vertrekdatum is vastgesteld, blijven de geliefden elkaar zien maar vrijen niet omdat de man vindt dat hij daartoe niet meer in staat is. Wanneer de boot vertrekt, huilt ze zonder haar familie te laten zien en ziet hoe haar minnaar verder weg raakt. Haar reis zal 24 dagen duren.

In 1942 sterft haar broertje op 27-jarige leeftijd aan een longontsteking. Het jonge meisje ziet dit als de schuld van oudere broer: volgens haar heeft hij, door hem tijdens hun jeugd bang te maken, te bedreigen en te slaan, de jongeman zwak en kwetsbaar gemaakt.

In 1949 komt haar moeder weer in Frankrijk wonen en eindigt haar dagen in Loir-et-Cher bij Dô, die altijd haar huishoudster is geweest. Ze zal sterven tussen Dô en haar oudste zoon, aan wie ze het grootste deel van haar bezittingen nalaat. Ongeveer 20 jaar later sterft ook hij, na een eenzaam leven te hebben geleid.

In Parijs bezoekt de vertelster de salons van Marie-Claude Carpenter en Betty Fernandez, die vol zitten met literaire schrijvers. Haar minnaar is intussen getrouwd met de fantastisch rijke Chinese vrouw, die net als hij uit de stad Fushun in

Noord-China komt en al tien jaar door zijn vader aan hem was verloofd. De jaren gaan voorbij en hij schenkt haar een erfgenaam. Lang na de oorlog komt hij met zijn vrouw naar Parijs en belt de verteller om haar te vertellen dat hij van haar zal houden tot de dag dat hij sterft.

KARAKTERSTUDIE

DE VERTELLER

Ze heeft twee gezichten: dat van de oude vrouw die in Parijs woont en haar tienerjaren vertelt, en dat van het jonge meisje dat in Indochina woont. We krijgen op geen enkel moment haar naam te horen.

Het gezicht van de oude vrouw is geteisterd door veroudering, die begon toen ze nog maar 18 was, waardoor ze onherstelbare rimpels kreeg en haar gelaatstrekken permanent verslapten. Ze was alcoholiste op middelbare leeftijd, bezocht literaire salons, heeft een zoon en werd enkele maanden voor de dood van haar broertje dood geboren.

Het jonge meisje is vijftien en een half als haar verhaal begint. Ze is erg mager en draagt een laag uitgesneden zijden jurk van haar moeder, een leren riem van haar broers, schoenen met hoge hakken en een mannenhoed. Ze heeft sproeten die ze met make-up van haar moeder verbergt en tot haar 23e heeft ze heel lang haar.

Zij behoort tot een Frans koloniaal gezin dat in Sadec woont, maar zit op kostschool in de staat Saigon. Haar vader werd om gezondheidsredenen gerepatrieerd naar Frankrijk toen ze net vier jaar oud was, en stierf minder dan een jaar later. Ze heeft twee oudere broers. Ze haat de oudste, die ze wil vermoorden, en beschermt de jongste, die ze ook haar "jongere broer" noemt. Ze denkt dat haar moeder gek is en huilt soms omdat ze haar niet gelukkig kan zien.

De redenen voor haar relatie met de man uit Cholen – zo noemt ze hem – geeft ze nooit duidelijk toe, ongetwijfeld omdat ze zelf niet weet of ze zich tot hem of tot zijn geld aangetrokken voelt. Op dit moment weet ze al dat ze ooit schrijfster zal worden.

DE CHINESE MAN

Hij komt ook uit Sadec, maar woont in Cholen. Hij is baardloos en extreem mager. Hij is ongeveer 27 jaar oud. Zijn moeder is dood en hij is de enige zoon van een miljardair die deel uitmaakt van de minderheid van Chinese financiers die al het onroerend goed in de kolonie bezitten. Hij is begonnen met een studie bedrijfskunde in Parijs, maar kon deze niet afmaken omdat zijn vader hem terugstuurde naar Indochina.

Hij wordt van het jonge meisje gescheiden door een leeftijdsverschil van 12 jaar en een verschil in ras. Desondanks is hij helemaal weg van haar. Zijn vader steunt deze relatie niet en weigert hen te laten trouwen. Lange tijd heeft hij zijn zoon beloofd aan een rijke erfgename uit een familie in Fushun, Noord-China. De liefde van de Chinese man voor het tienermeisje is puur en zal niet vervagen tot zijn dood.

DE MOEDER

De moeder van de verteller is lerares en directrice van de meisjesschool in Sadec. Een stuk land dat ze in Cambodja heeft gekocht, heeft haar geruïneerd. Vernederd en haar man verloren, vervalt ze in een soort waanzin. Moe van het leven, zijn er momenten dat ze haar kinderen niet voedt of aankleedt.

Ook haar houding tegenover hen is onevenredig. Ze toont een uitgesproken voorkeur voor haar oudste zoon, die ze als enige "haar kind" noemt. Ze koopt voor hem een huis in de buurt van Amboise en laat hem het grootste deel van haar vermogen na. Haar gedrag tegenover haar andere zoon lijkt onverschillig, terwijl haar gedrag tegenover haar dochter dubbelzinnig is. Ze keurt haar gedrag zowel goed als af:

- Enerzijds is zij bang dat haar dochter zich nooit in de maatschappij zal vestigen. Omdat ze zelf een hogere opleiding heeft genoten, wil ze dat haar dochter naar de middelbare school gaat om een lerarendiploma wiskunde te halen. Ze is dan ook verbijsterd dat deze laatste beter is in Frans dan in wiskunde, en is er tegen dat ze romanschrijfster wordt. Ze slaat haar ook wanneer ze hoort van haar relatie met de Chinese man.

- Aan de andere kant accepteert ze soms het excentrieke gedrag van haar dochter en verdedigt ze haar tegen de directrice wanneer deze haar vertelt dat haar dochter maar zelden naar school komt.

DE OUDERE BROER

Hij is het lievelingetje van hun moeder. Hij is gewelddadig en onaangenaam en steelt van iedereen, ook van hun moeder, wiens geld hij verkwist. Tijdens het gokken verliest hij het bos van het landgoed dat zijn moeder hem in de buurt van Amboise heeft gegeven, en hij steelt 50 000 francs van zijn zus terwijl hij bij haar logeert tijdens de bevrijding van Parijs. Tijdens zijn jeugd slaat hij regelmatig zijn jongere broer, probeert Dô, de huishoudster, te verkrachten en moedigt hun moeder aan zijn zus te slaan, op wie hij een fysieke gelijkenis vertoont.

Hoewel hij naar Frankrijk vertrekt om zich in te schrijven aan de Violetschool, een privéschool die ingenieurs opleidt, is hij er nooit echt geweest. Hij krijgt zijn eerste baan op vijftigjarige leeftijd. Hoewel hij wreed is, wordt dit personage vooral gekenmerkt door eenzaamheid. Wanneer zijn moeder sterft, is hij vriendloos en eindigt hij zijn dagen alleen. Hij wordt begraven bij zijn moeder in de Loire.

DE JONGERE BROER, PAULO

Hij is het enige lid van het gezin waarvan we de voornaam kennen. Hij is bang voor zijn oudere broer die hem slaat, maar houdt van zijn twee jaar jongere zus. Na zijn studie boekhouden is hij boekhouder geworden in Saigon. In 1942, tijdens de Japanse bezetting, sterft hij op 27-jarige leeftijd aan een longontsteking.

HÉLÈNE LAGONELLE

Ze woont op het internaat met de verteller, die haar begeert. Ze maakt zich zorgen als de verteller niet terugkomt. Ze is 17 en heeft een prachtig lichaam. Haar vader is ambtenaar en ze komt uit de hooglanden van Da Lat.

ANALYSE

IN STIJL DICHT BIJ DE NIEUWE ROMAN

Een van de belangrijkste kenmerken van Marguerite Duras is haar sobere schrijfstijl. De schrijfster is zuinig met woorden en geeft de voorkeur aan stilte, wat de tekst efficiënt en poëtisch tegelijk maakt.

Naast de beknopte zinnen wordt Duras' stijl in *De minnaar* gekenmerkt door de breuk met het klassieke romaneske handwerk van haar andere romans zoals *De zeemuur* of *De matroos van Gibraltar*. Door deze afwijzing van conventies werd ze ook ingedeeld bij de New Novelists. Van de jaren 1950 tot de jaren 1970 wilde deze groep de handeling van het schrijven en de wetten van de roman zoals die sinds de 18th eeuw bestonden, vernieuwen. De plot, de noodzaak van personages en psychologische portretten zijn enkele van de principes van de fictie die ter discussie werden gesteld. De roman stelde zichzelf dus in vraag en weerlegde de regels die hem tot dan toe hadden geleid. Deze afwijzing van conventies verklaart waarom veel van de New Novelists betwistten dat zij tot dezelfde literaire beweging behoorden, aangezien zij elk een andere richting insloegen.

Bij het schrijven van *De minnaar maakt* Duras gebruik van talrijke kenmerken van de nieuwe roman (*nouveau roman* in het Frans) met betrekking tot de kunst van deconstructie:

- Het boek, dat zoals veel Nieuwe Romans is uitgegeven door de Franse uitgeverij Éditions de Minuit, toont personages waarvan de onderscheidende kenmerken er weinig toe doen. Bovendien kent de lezer de namen van de hoofdpersonen niet. Alleen de naam van haar jongere broer, Paulo, wordt slechts één keer genoemd, net als de naam van Hélène Lagonelle, die al snel verandert in de initialen H.L. De namen van secundaire personages worden daarentegen wel onthuld. Dit is het geval voor mensen die de verteller zal ontmoeten wanneer ze in Parijs is: Marie-Claude Carpenter, Betty Fernandez en haar man Ramón Fernandez. Op dezelfde manier zijn de hoofdpersonen van de plot verstoken van kenmerken, terwijl de secundaire personages gedetailleerder zijn.

- Het spel van de uitspraak, gekenmerkt door de overgang van de eerste naar de derde persoon enkelvoud, desoriënteert de lezer die geconfronteerd wordt met de opzettelijke verwarring van de verteller (de persoon die het verhaal vertelt en de auteur. Deze techniek maakt deel uit van de wens van de Nieuwe Roman om de functie van de verteller in het verhaal voortdurend ter discussie te stellen (Waarom vertelt hij het? Wat is zijn werkelijke plaats in het verhaal?).

- De plot van de roman is subsidiair. Een gevolg hiervan is dat er geen strikte chronologie is, wat het verhaal een onsamenhangend, fragmentarisch karakter geeft. Sommige scènes worden minutieus beschreven, terwijl andere, waarvan we weten dat ze hebben plaatsgevonden, in stilte worden overgeslagen. Ellipses (het weglaten van hele passages uit een verhaal), samen met pauzes, herhalingen en analepses (flashbacks) dwingen de lezer om zich het verhaal op een complexe manier voor te stellen. Zo wordt het leven van de verteller in Parijs bijna volledig in stilte overgeslagen (ellips); de momenten van seks in het appartement van de Chinees worden minutieus beschreven, waardoor het lijkt alsof de tijd heeft stilgestaan (pauze); en tenslotte is bijna het hele verhaal een analepsis waarin de verteller zich haar verleden herinnert. Door het verhaal te onderbreken, ellipsen te gebruiken en de logische volgorde van de gebeurtenissen te doorbreken, vermijdt de auteur datgene uit te leggen wat onzegbaar en onbenoembaar is.

Deze verschillende kenmerken veronderstellen de actieve deelname van de lezer, die soms gedwongen wordt terug te komen op wat hij al gelezen heeft of die geacht wordt te zijn met bepaalde elementen van de cultuur van de auteur.

EEN SCHRIJVEN VAN HET ZELF

De minnaar is een op de autobiografie geïnspireerde roman. Het verhaal van het 15-jarige meisje is het verhaal van de auteur die, net als haar personage, een relatie had met een man toen zij het interbellum in Frans Indochina woonde. Op 70-jarige leeftijd, 50 jaar na de gebeurtenissen, is Marguerite Duras in staat de gevoelens die zij had voor de jonge Chinese man op schrift te stellen en de complexiteit uit te drukken van de banden die haar bonden met haar familie, moeder en broers.

Het kan tegenstrijdig lijken dat een auteur die behoort tot een literaire stroming (de Nieuwe Roman) die onder meer gebaseerd is op de weigering van een subject, zich aan een autobiografische onderneming waagt. De reden voor deze schijnbare tegenstrijdigheid ligt in het feit dat de roman werd geschreven op een moment dat het autobiografisch schrijven een nieuwe dynamiek kende. Schrijvers namen dus deel aan het genre en stelden het tegelijkertijd in vraag. Duras doet dit, zoals andere New Novelists, door het referentiële en het imaginaire op gelijke voet te plaatsen, wat betekent dat zij biografische elementen vermengt met fictieve componenten (verzonnen elementen). Dit genre werd door Alain Robbe-Grillet (schrijver en filmregisseur, 1922-2008) "Nieuwe Autobiografie" genoemd.

Laure Adlers biografie *Marguerite Duras* (1998) onthult bijvoorbeeld dat de idylle van de roman in werkelijkheid niet zo ideaal was als ze lijkt. De waarheid is dat Duras, op verzoek van haar moeder en om haar oudere broer te helpen die drugs gebruikte, zichzelf verkocht aan haar minnaar.

Bovendien werkt Duras, terwijl ze realiteit en fictie combineert, op het geheugen en doet ze verslag van de gebeurtenissen en gevoelens die ze meemaakte toen ze 15 was. Het overwicht van de tegenwoordige tijd, die tegelijk onmiddellijkheid en duur uitdrukt, komt ook overeen met een vertelling die wordt gepresenteerd in de vorm van een herinnering waarop wordt teruggekeken: "Als ik op de veerboot naar de Mekong zit, de dag van de zwarte limousine, heeft mijn moeder het land bij de dijk nog niet opgegeven" (p. 26).

Met *De minnaar* begint de auteur aan een ware zoektocht naar haar identiteit. De overgang van de eerste persoon naar de derde persoon enkelvoud is het bewijs van deze zoektocht, want door het gebruik van de derde persoon plaatst de auteur afstand tussen het jonge meisje dat ze was, dat in "ik" praat, en de vrouw is geworden. Zo presenteert ze zichzelf als een levend enigma.

EEN COMING-OF-AGE ROMAN

De minnaar is ook een coming-of-age roman (*Bildungsroman*), een genre dat in Duitsland in de 18th eeuw ontstond. Het beschrijft de geleidelijke ontwikkeling van de hoofdpersoon, het 15-jarige meisje, totdat zij het ideaal van de volmaakte vrouw heeft bereikt. Deze volmaakte vrouw is niemand minder dan de vertelster. Of ze nu spreekt in de eerste of de derde persoon enkelvoud, het is dezelfde persoon.

Zoals elke held in een coming-of-age-verhaal ontdekt het jonge meisje een bepaald domein waarop zij zich concentreert en waardoor zij haar eigen kijk op het leven kan opbouwen. Haar domein is de seksualiteit, waarmee haar minnaar haar laat kennismaken in een fysieke beproeving: haar eerste seksuele ervaring. Deze ervaring geeft haar kennis waarop ze zinspeelt, maar waarover ze zwijgt: "Hélène Lagonelle weet nog steeds niet wat ik weet, en ze is zeventien. Het is alsof ik het bedacht heb, zij zal nooit weten wat ik weet".[1]

De zoektocht van het jonge meisje komt overeen aan haar verlangen om haar leven te sturen zoals zij dat ziet. Dit doel wordt niet zonder moeite nagestreefd, want de vertelster moet de hindernissen overwinnen die haar familie, de vader van haar minnaar en de koloniale maatschappij van haar opleggen. Eén hulpje helpt haar echter om een volwaardige vrouw te worden: haar minnaar, de Chinese man.

....
1 Dit citaat is vertaald door BrightSummaries.com.

VERDERE REFLECTIE

ENKELE VRAGEN OM OVER NA TE DENKEN...

- In hoeverre kan worden gezegd dat *The Lover* een herschrijving is van *The Sea Wall*?

- Op welke manier stelt Marguerite Duras haar schrijven in staat het onzegbare te zeggen?

- Denkt u dat het jonge meisje onderdanig is aan haar minnaar, of heeft zij juist macht over de man? Motiveer uw antwoord.

- Waarom kan gezegd worden dat de moeder van de verteller een dubbelzinnig spel speelt op basis van wat niet gezegd wordt? Geef voorbeelden.

- *The Lover* zou oorspronkelijk *The Absolute Image* heten. Hoe verklaar je deze titel?

- Duras gebruikt, net als de Nieuwe Romanschrijvers, de kunst van deconstructie. Leg uit wat dit inhoudt en wat het effect van deze deconstructie is.

- Marguerite Duras hield niet van de verfilming van *The Lover*. Waarom, volgens u? Welke keuzes had u verkozen als u deze verfilming had moeten maken met respect voor het werk van Duras?

- Welke verschillen zijn er strikt formeel gezien tussen *The Lover* en *The North China Lover*, de herschrijving ervan?

- Waarom kan gezegd worden dat het schrijven van *De minnaar* een vorm van exorcisme is voor Duras?

VERDER LEZEN

REFERENTIE-UITGAVE

Duras, M. (1985) *De minnaar*. Trans. Bray, B. New York: Random House.

AANPASSINGEN

The Lover. (1992) [Film]. Jean-Jacques Annaud. Dir. Frankrijk: Films A2.

Duras was niet tevreden met deze verfilming en zette een punt achter haar samenwerking met de regisseur.

HERSCHRIJVEN VAN DE TEKST

Duras, M. (1994) *The North China Lover*. Trans. Hafrey, L. New York: The New Press.

*We horen graag van jou! Laat
een reactie achter op jouw online bibliotheek
en deel je favoriete boeken op social media!*

Waarom kiezen voor Must Read?

Kom alles te weten over een boek
met onze beknopte en diepgaande
samenvattingen en analyses!

**Ontdek het beste uit de literatuur
in een compleet nieuw licht!**

www.50minutes.com

De uitgever garandeert de betrouwbaarheid van de gepubliceerde informatie, die echter niet onder zijn verantwoordelijkheid valt.

© **50minutes.com, 2023. Alle rechten voorbehouden.**

www.50minutes.com

Master ISBN: 9782808687713
Papier ISBN: 9782808699112
Wettelijk depot: D/2023/12603/1191

Omslag: © Primento

Digitaal ontwerp: Primento, de digitale partner van uitgevers.